스티커 컬러링
STICKER COLORING

2

STICKER COLORING SERIES

더 그레이트 우먼
THE GREAT WOMAN

일과놀이콘텐츠연구소 지음

스티커 컬러링 2
더 그레이트 우먼 THE GREAT WOMAN

초판 1쇄 인쇄 2017년 12월 8일
초판 1쇄 발행 2017년 12월 15일

지은이 일과놀이콘텐츠연구소
펴낸이 송주영
펴낸곳 북센스
편집 이재희
그래픽 강성호
디자인 elephantswimming
마케팅 박선정

출판등록 2004년 10월 12일 제313-2004-000237호
주소 서울시 은평구 통일로684 서울혁신파크 미래청 401호
전화 02-3142-3044 **팩스** 0303-0956-3044 **이메일** ibooksense@gmail.com
ISBN 978-89-93746-40-2(14630)

값 12,800원

• 이 책에 실린 모든 내용은 저작권법에 따라 보호받는 저작물이므로 무단 전재나 복제를 금합니다.

행복의 조각을 맞추는 시간

이 책은 이미지를 색과 양감에 따라 면으로 나누는 폴리곤 아트(Polygon Art)의
표현기법을 응용, 이를 스티커에 접목해 만든 체험북입니다.
수 백 개의 숫자 중 하나를 찾아 형태를 맞추기 위해 이리저리 돌려보는 과정은
마치 퍼즐을 맞추는 재미와 성취감을 느끼게 해줍니다.
하나하나 스티커를 맞추다 보면 잊고 싶은 것들은 멀어지고
머리가 맑아지는 느낌이 듭니다.
쉬우면 쉬운 대로, 어려우면 어려운 대로 어느 그림부터 시작해도 좋습니다.
제일 만나보고 싶은 인물부터 시작하면 됩니다.
색색의 스티커와 함께 행복한 시간을 갖게될 여러분을 응원합니다.

CONTENTS

오드리 헵번
Audrey Hepburn
351 piece
바탕지 / 7p
스티커 / 22~26p

버지니아 울프
Virginia Woolf
286 piece
바탕지 / 9p
스티커 / 27~32p

오프라 윈프리
Oprah Winfrey
바탕지 / 11p
스티커 / 33~38p
302 piece

HOW TO USE STICKER ART BOOK
스티커로 컬러링 하는 방법

1. 마음에 드는 페이지의 인물을 고르세요.

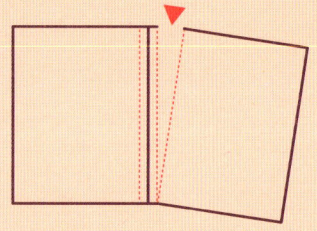

2. 스티커 바탕지와 스티커지를 모두 책 등 쪽의 절취선에 따라 뜯어냅니다

3. 스티커 조각의 배열은 색에 따라 순차적으로 이루어져 있으니 원본 그림을 보면서 힌트를 얻으면 좀 더 쉽게 완성할 수 있어요.

4. 아트 핀셋을 사용하면 완성도 높은 작업이 가능해요.

5. 완성후, 액자에 담아 실내 공간을 장식해 보세요. 여러 장을 이어서 컬렉션을 만들어도 좋아요.

오드리 헵번

1929년 5월 4일 ~ 1993년 1월 20일

**AUDREY HEPBURN
오드리 헵번**

"우리는 두 손을 가지고 있습니다. 한 손은 나를 위한 손이고
다른 한 손은 다른 사람을 돕기 위한 손입니다."

<로마의 휴일> <티파니에서의 아침> 으로 알려진 할리우드의 전설적인 여배우인 오드리는 은퇴 후 유니세프 친선대사로 아프리카, 남미, 아시아의 가난한 공동체에서 이웃을 도왔다.

버지니아 울프

1882년 1월 25일 - 1941년 3월 28일

VIRGINIA WOOLF
버지니아 울프

"서두를 필요는 없다. 반짝일 필요도 없다.
우린 그저 자기 자신이 되기만 하면 된다."

소설가이자 비평가이며 페미니즘과 모더니즘 문학의 선구자이다. 대표작 <자기만의 방>등의 작품을 통해 가부장제와 성적 불평등을 담론화했고 여성들의 물질적, 정신적 자립의 중요성을 알렸다.

오프라 윈프리

1954년 1월 29일 -

OPRAH WINFREY
오프라 윈프리

"여왕처럼 생각하세요. 여왕은 실패를 두려워하지 않습니다.
실패는 위대함을 향한 또 하나의 디딤돌입니다"

25년간 자신의 이름을 건 토크쇼를 진행한 미국의 방송인. 인종차별, 성차별의 한가운데서 불안정한 유년시기를 보냈지만 공감과 소통의 에너지로 방송계의 살아 있는 신화가 되었다.

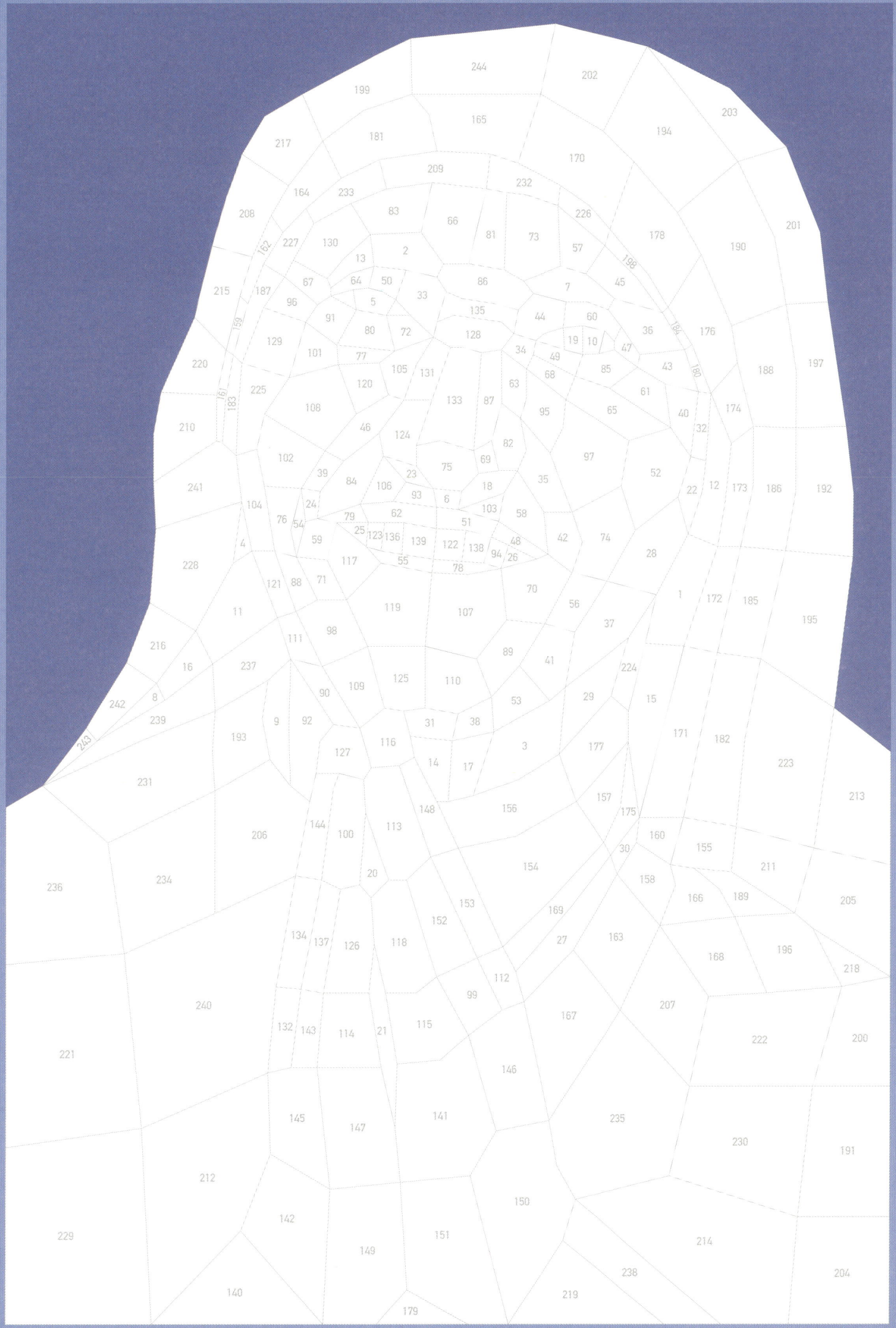

테레사 수녀

1910년 8월 26일 - 1997년 9월 5일

MOTHER TERESA
테레사 수녀

"우리에게 평화가 없다면, 그것은 우리가 서로에게
속해있다는 것을 잊었기 때문입니다"

유고슬라비아에서 태어나 18세에 수녀가 되었다. 보호해줄 단체나 기관이 없이 위험을 무릅쓰고 인도의 거리로 나가 가난한 사람들과 병자, 고아, 죽어가는 이들을 위해 40여 년 간 헌신했다. 1979년 노벨 평화상을 받았다.

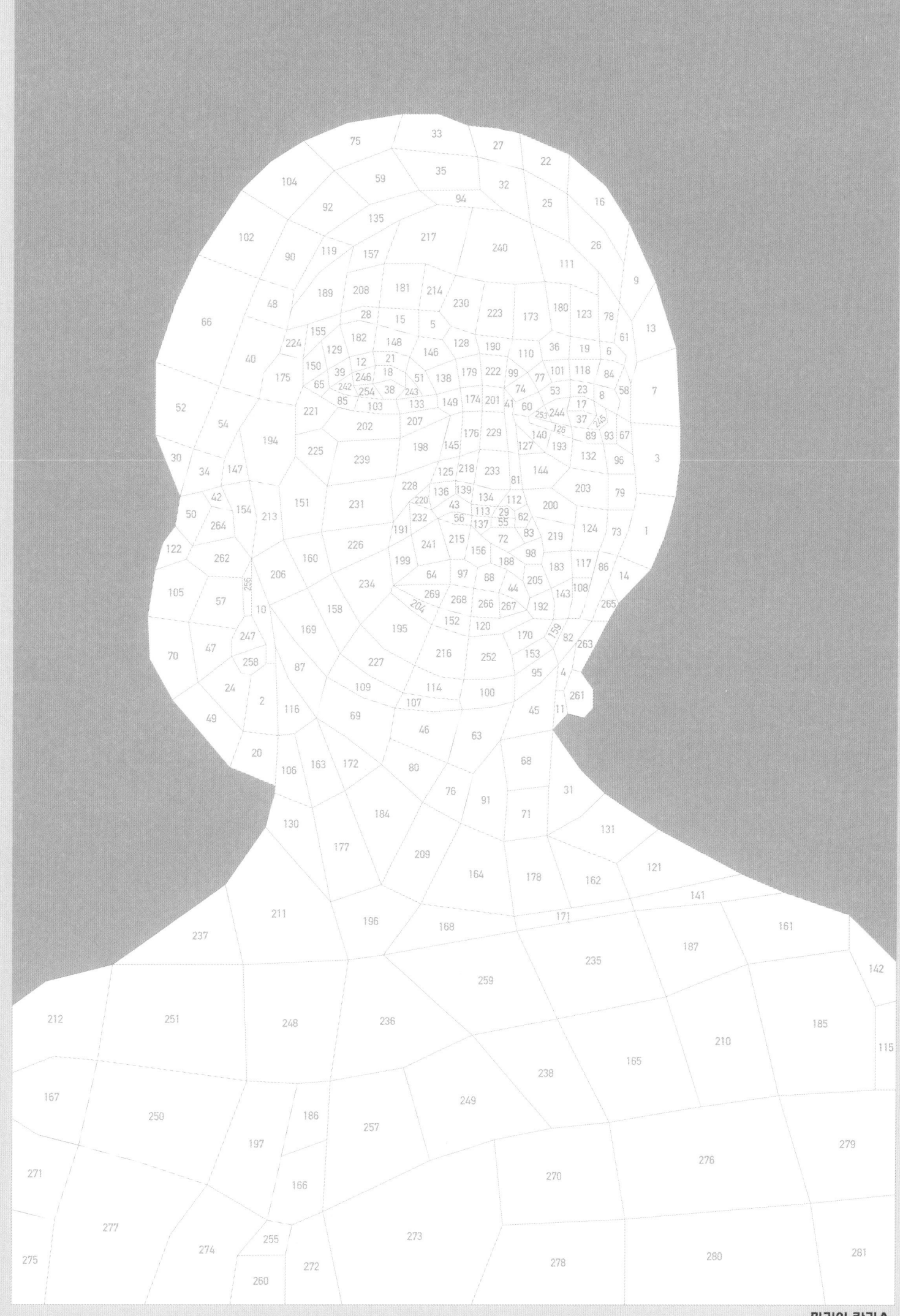

마리아 칼라스

1923년 12월 2일 - 1977년 9월 16일

MARIA CALLAS
마리아 칼라스

"발성과 연기의 기본은 웃음이다. 사람은 그저 입을 옆으로 크게 펼쳐 웃기만 해도 다른 사람과 충분히 의사소통이 가능한 존재다."

그리스계 미국 소프라노 가수이다. 매력적인 음색으로 감성을 정확히 표현하고 우아한 용모와 대스타로서의 기품과 카리스마를 겸비했다. 소프라노의 전형으로 알려진 아름다운 목소리가 아닌 무거운 목소리의 소프라노로서 노르마, 토스카 등의 강한 배역은 물론 비올레타, 질다 등 가녀린 역도 실감나게 불러 오페라 감상 미학의 새로운 장을 열었다.

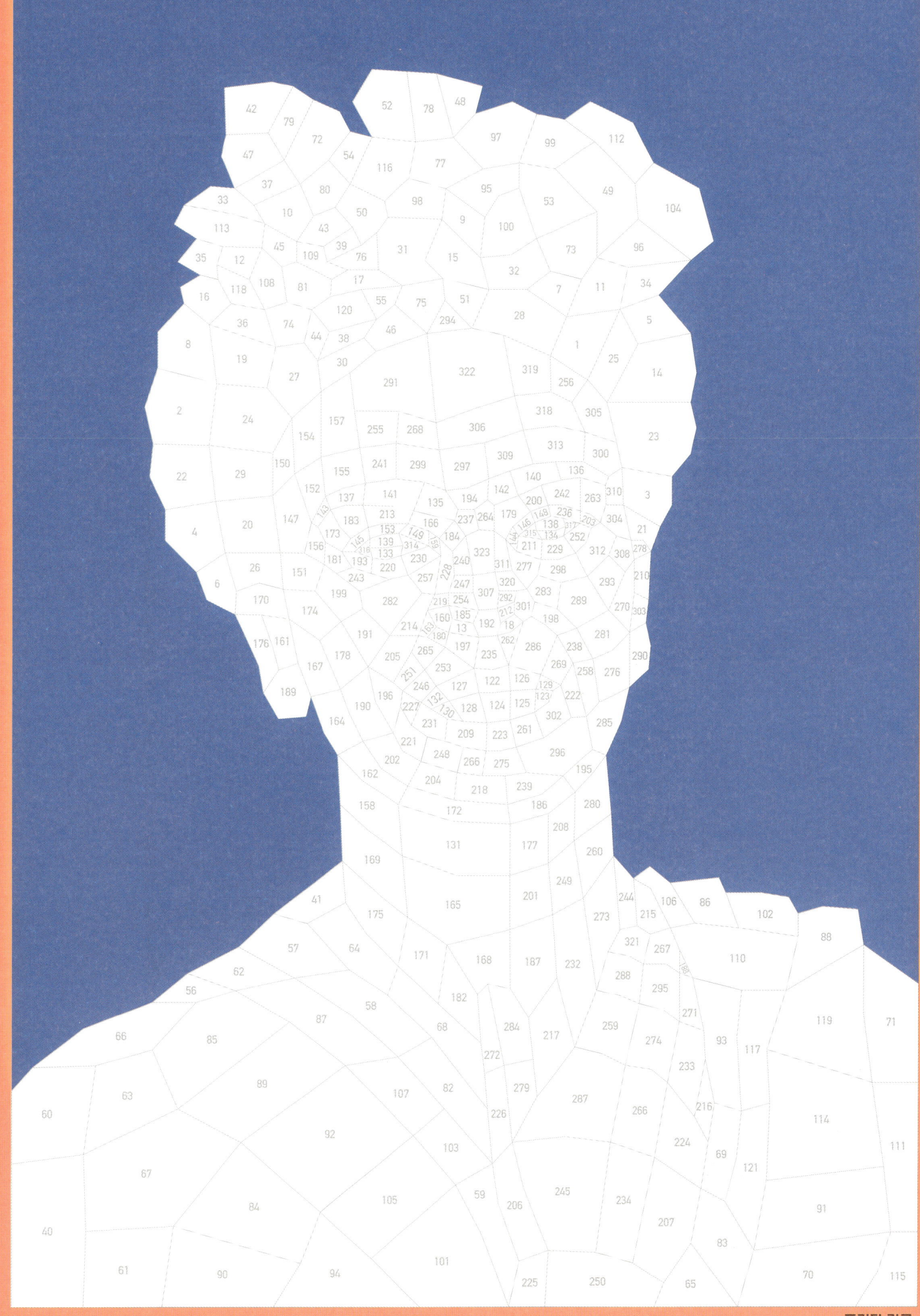

프리다 칼로

1907년 7월 6일 – 1954년 7월 13일

FRIDA KAHLO
프리다 칼로

"나는 나 자신을 그린다. 내가 가장 잘 아는 주제이기 때문이다"

멕시코의 여성주의 화가. 소아마비와 교통사고로 평생 육체적 고통, 남편과의 불화로 인한 정신적 고통을 예술작품으로 승화했다. 1970년대 페미니즘 운동이 일어나면서 그녀의 솔직한 자기 표현과 여성성에 대한 독특한 해석이 높이 평가되었다.

1883년 8월 19일 – 1971년 1월 10일

COCO CHANEL
코코 샤넬

"패션은 바람에 깃들어 공기 중에 존재한다.
사람들은 공기처럼 패션을 숨쉰다. 패션은 모든 곳에 존재한다."

일하는 여성을 위해 디자인적으로 뛰어나면서 활동에 자유로운 옷을 만들어 20세기 여성 패션에 혁신을 이루었다. 그레이스 켈리, 잉그리드 버그만, 리즈 테일러가 그녀의 옷을 사랑했고 이어서 지금까지도 많은 여성들이 우아하면서도 실용적인 샤넬의 옷을 입고 있다.

오드리 헵번 ------------------------ 22~26
버지니아 울프 ------------------------ 27~32
오프라 윈프리 ------------------------ 33~38
테레사 수녀 ------------------------ 39~44
마리아 칼라스 ------------------------ 45~50
프리다 칼로 ------------------------ 51~56
코코 샤넬 ------------------------ 57~60

오드리 헵번 1~105

오드리 헵번 106~214

1 2 3 4 5 6 7 8 9 10 11 12 13 14 15
16 17 18 19 20 21 22 23 24 25 26 27
28 29 30 31 32 33 34 35 36 37
38 39 40 41 42 43 44 45 46 47 48 49
50 51 52 53 54 55 56 57 58 59 60
61 62 63 64 65 66 67 68 69 70 71
72 73 74 75 76 77 78 79 80 81 82
83 84 85 86 87 88 89 90 91 92 93 94 95
96 97 98 99 100 101 102 103 104 105 106 107 108 109 110 111
112 113 114 115 116 117 118 119 120 121 122 123

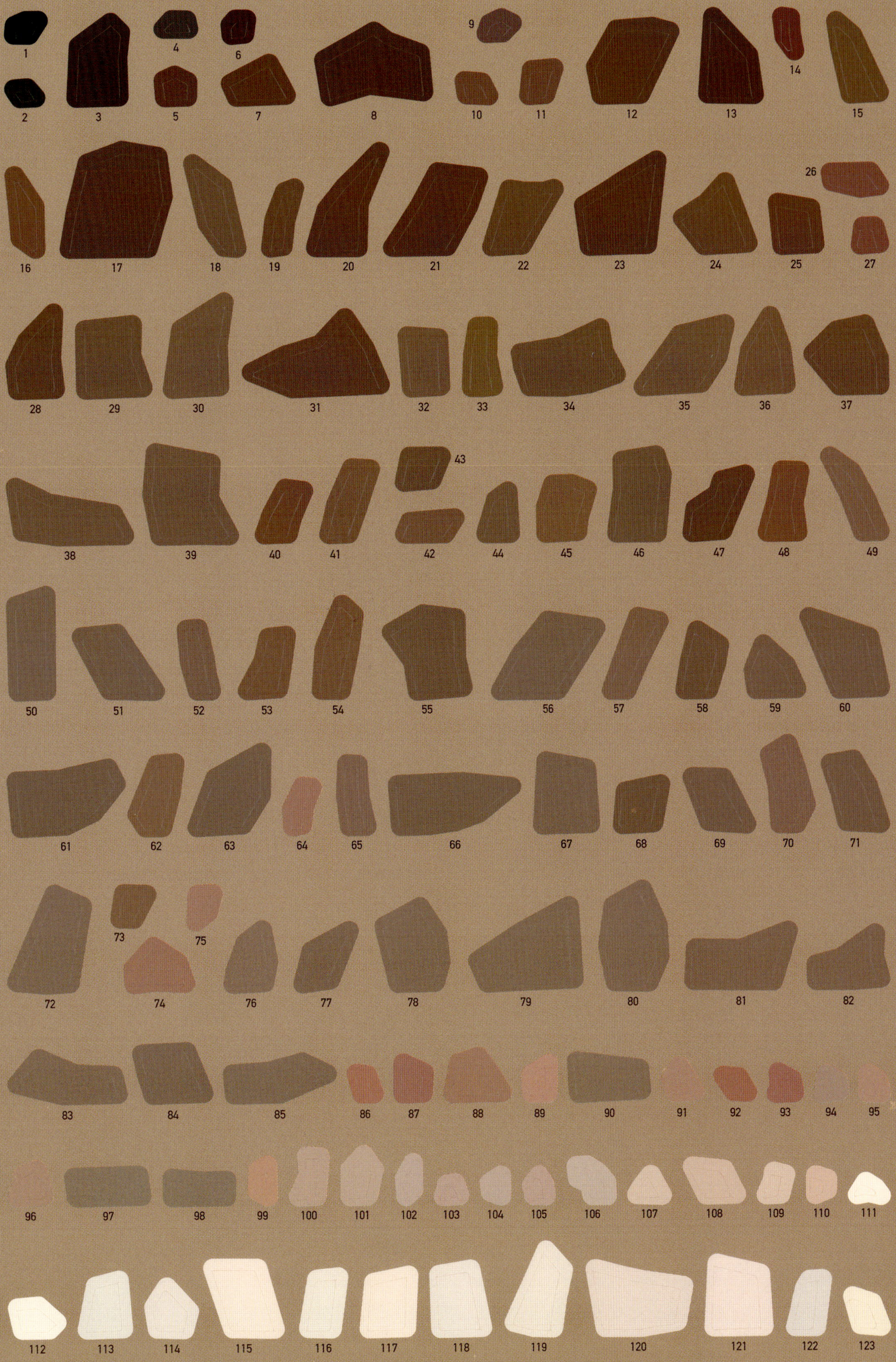

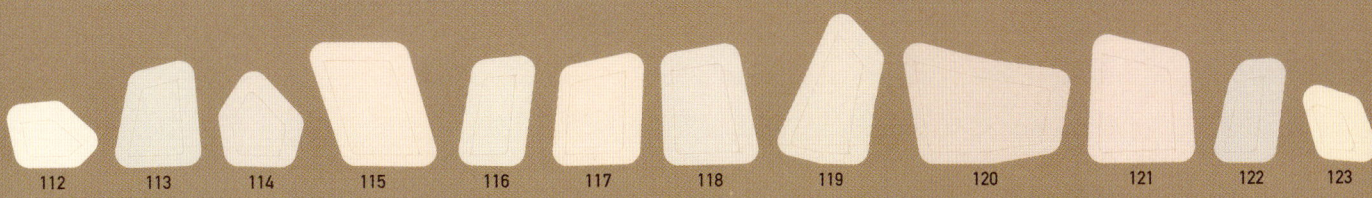

버지니아 울프 124~241

30

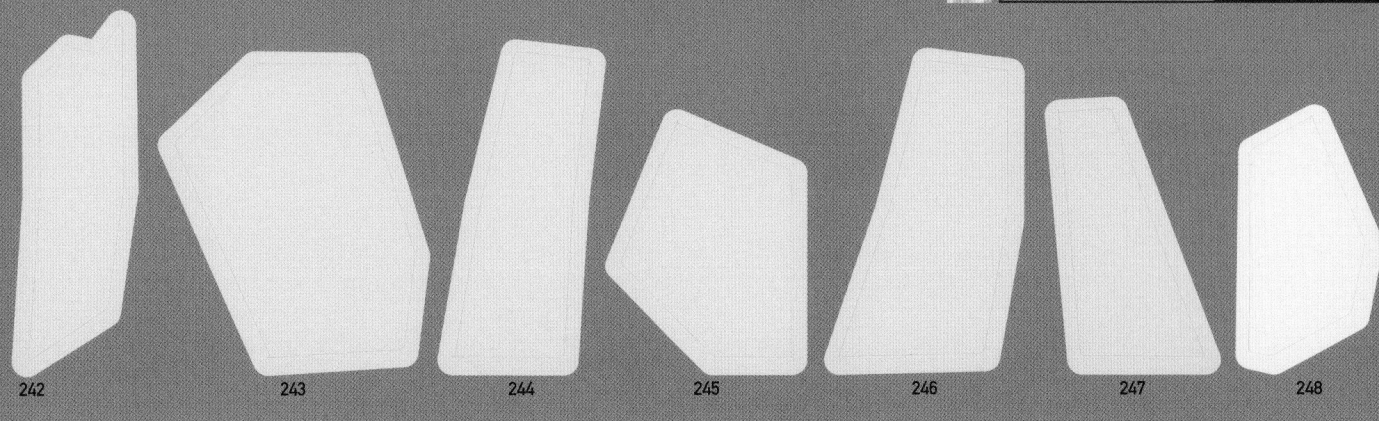
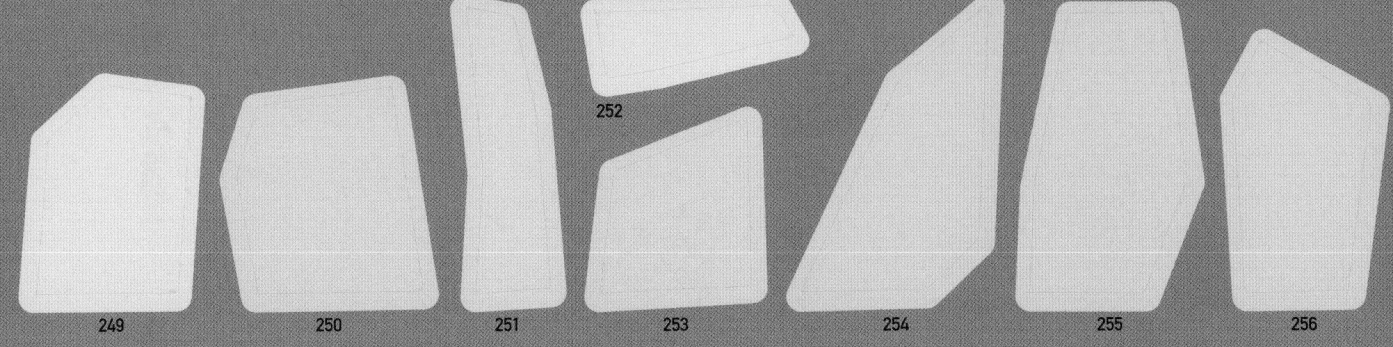
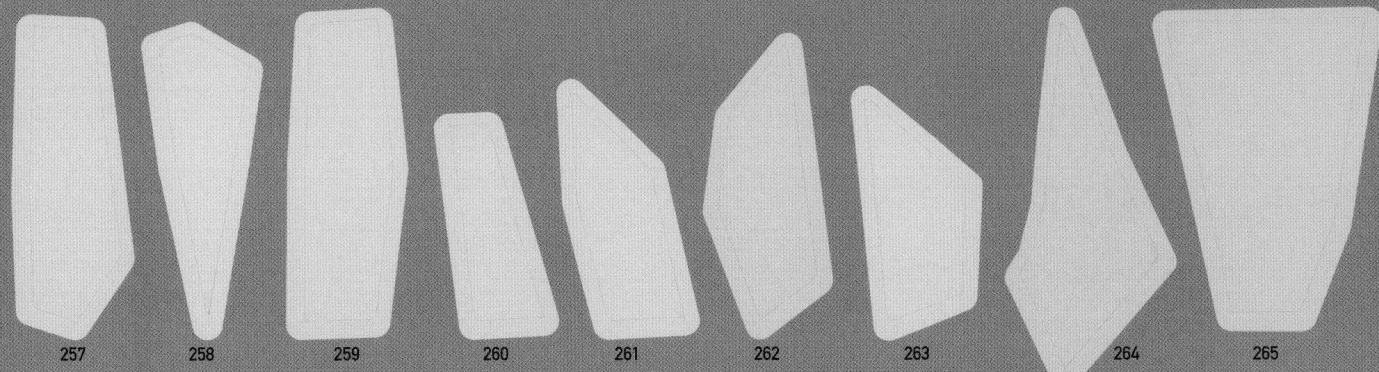

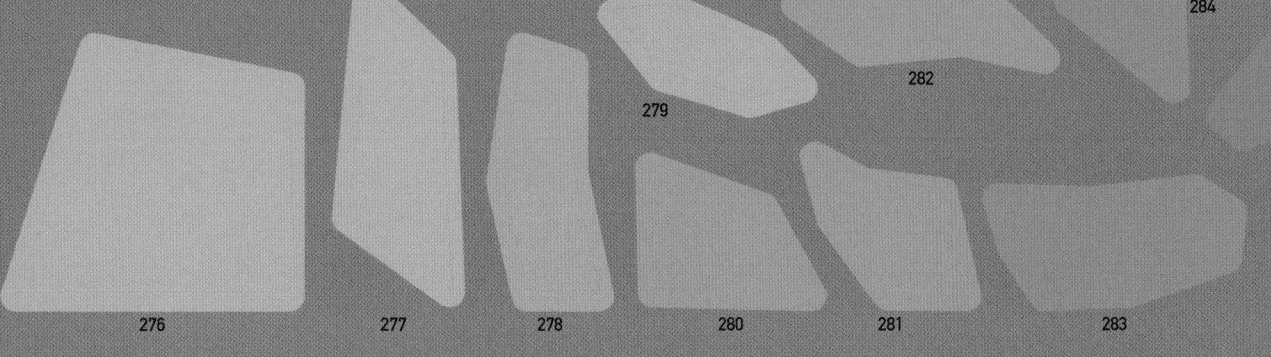

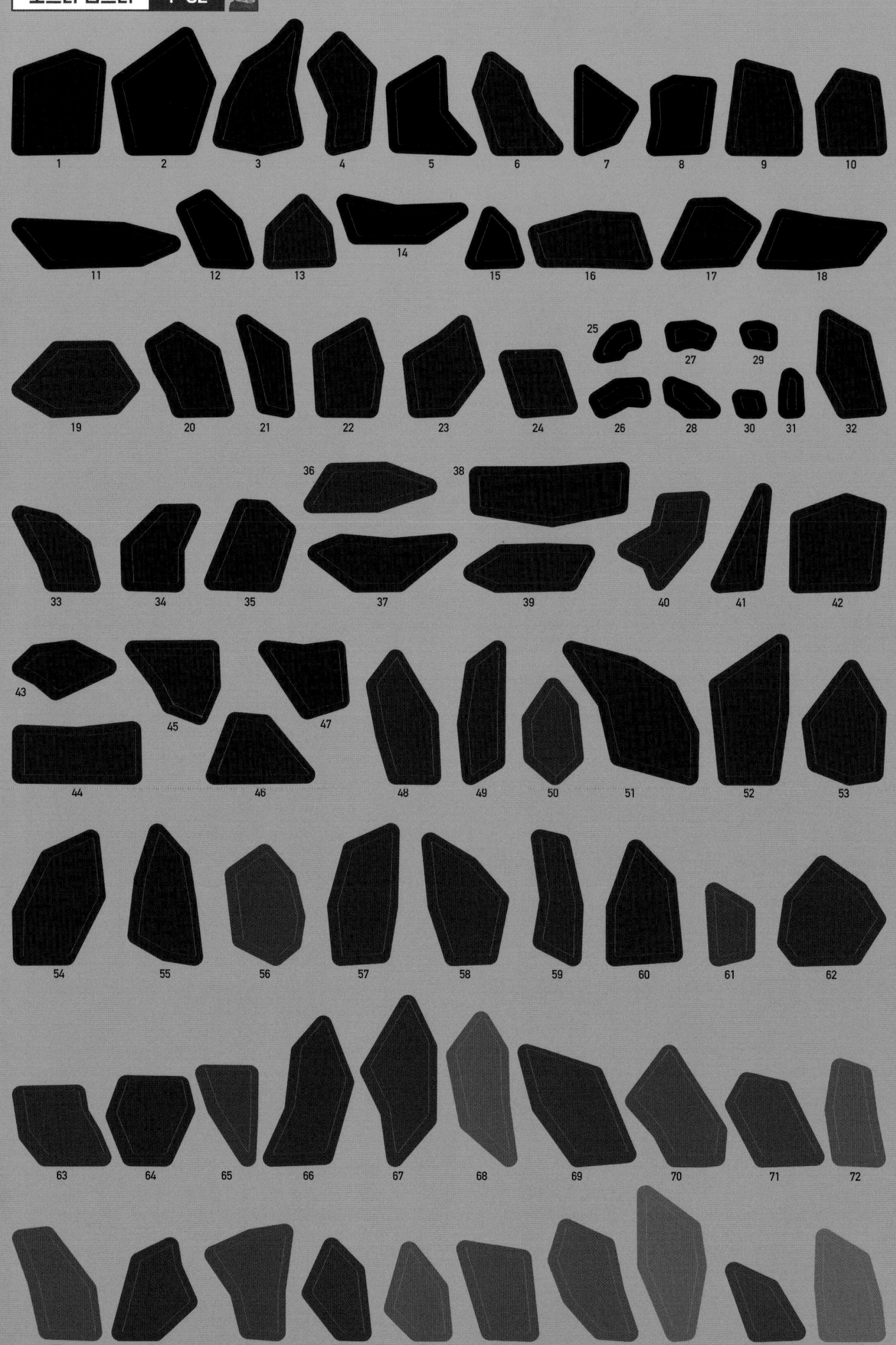

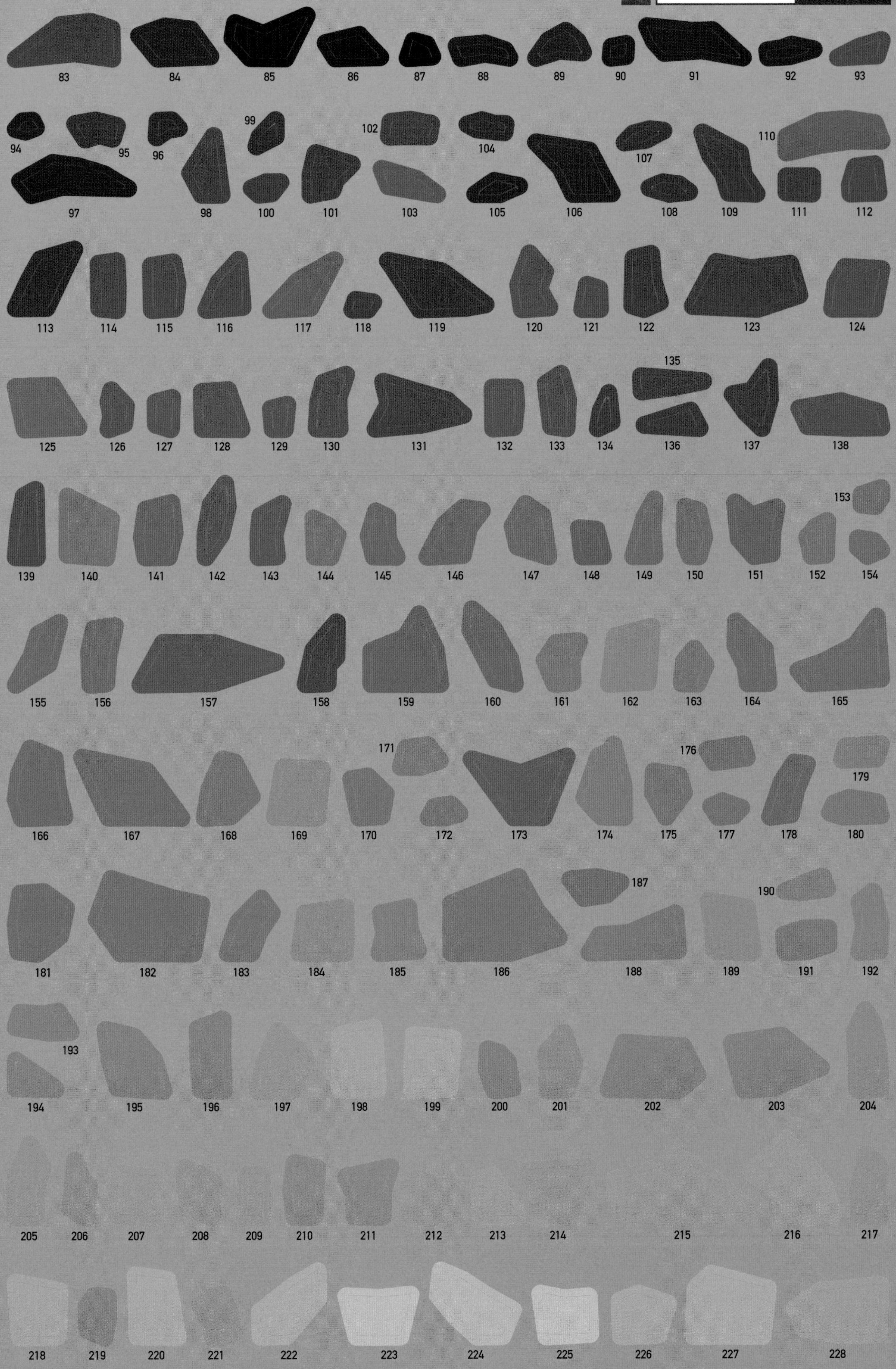
83 84 85 86 87 88 89 90 91 92 93
94 95 96 99 102 104 107 110
97 98 100 101 103 105 106 108 109 111 112
113 114 115 116 117 118 119 120 121 122 123 124
135
125 126 127 128 129 130 131 132 133 134 136 137 138
153
139 140 141 142 143 144 145 146 147 148 149 150 151 152 154
155 156 157 158 159 160 161 162 163 164 165
171 176 179
166 167 168 169 170 172 173 174 175 177 178 180
187 190
181 182 183 184 185 186 188 189 191 192
193
194 195 196 197 198 199 200 201 202 203 204
205 206 207 208 209 210 211 212 213 214 215 216 217
218 219 220 221 222 223 224 225 226 227 228

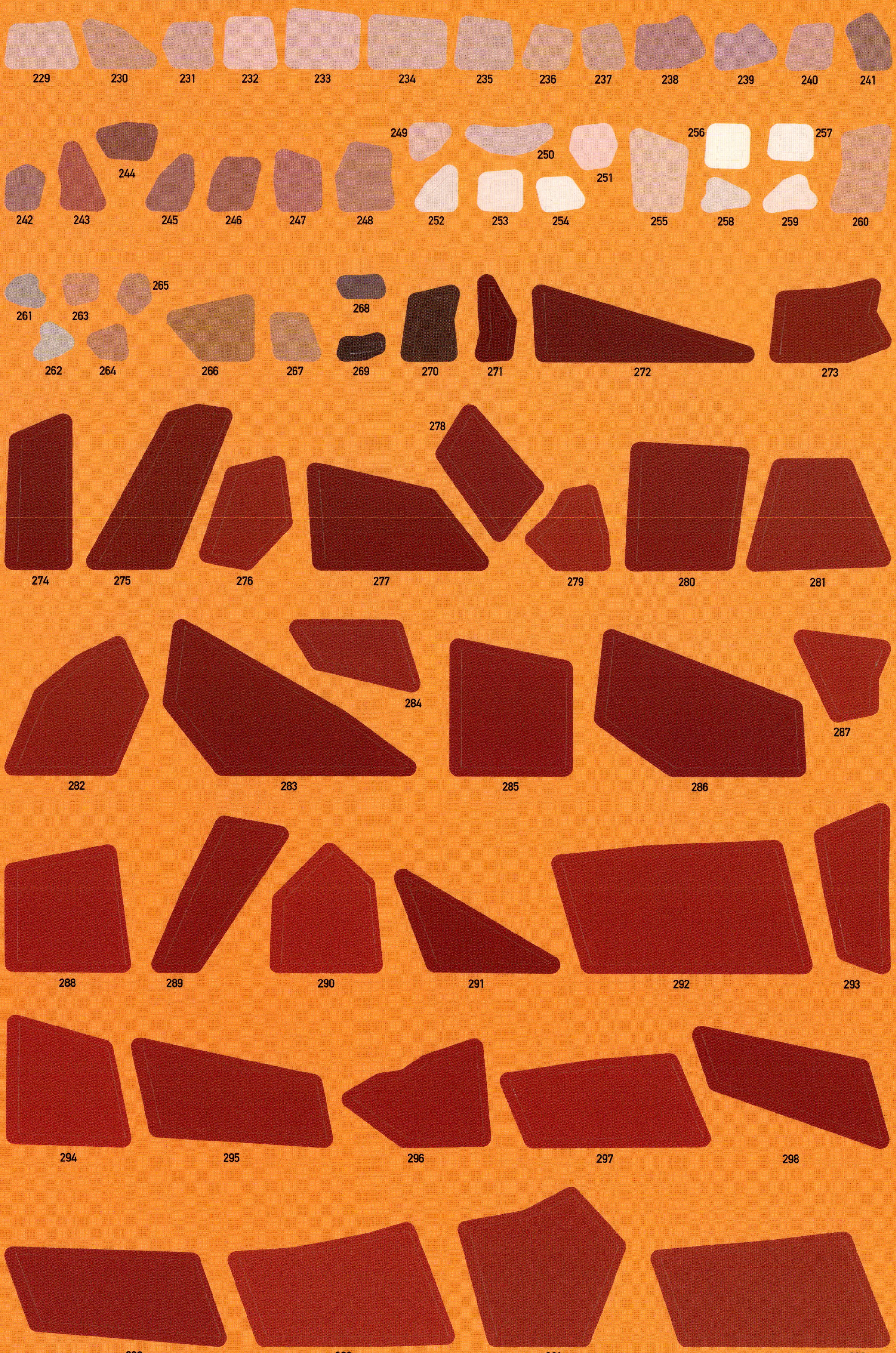
229 230 231 232 233 234 235 236 237 238 239 240 241
242 243 244 245 246 247 248 249 250 251 252 253 254 255 256 257 258 259 260
261 262 263 264 265 266 267 268 269 270 271 272 273
274 275 276 277 278 279 280 281
282 283 284 285 286 287
288 289 290 291 292 293
294 295 296 297 298
299 300 301 302

테레사 수녀 1~110

43

테레사 수녀 189~244

마리아 칼라스 132~219

49

프리다 칼로 205~323

코코 샤넬 1~116

코코 샤넬 117~195